HENRI DE RÉGNIER

Episodes

(POÈMES 1886-1888)

VANIER

19, QUAI SAINT-MICHEL

ÉPISODES

HENRI DE RÉGNIER

Episodes

(POÈMES 1886-1888)

VANIER

19, QUAI SAINT-MICHEL

C'est la même chanson encore et la même âme
A qui l'aube et le soir ont légué leur frisson,
Le passé qui revit en les choses qui sont,
La marée écumant toujours la même lame
Et la même âme encore et sa même chanson.

Vieille angoisse abritée au masque d'un sourire,
La même qui pleurait au masque de ses doigts,
Qui se dresse aujourd'hui plus fière qu'autrefois
Cambrant l'orgueil de sa blessure où l'on voit luire
De clairs rubis de sang comme aux robes des rois.

Le cœur jadis saignant en la chair vive et nue
Bat sous l'étoffe lourde du poids des joyaux
Sa tristesse leurrée au mensonge d'échos
Et s'énivre de voir sur la Terre ingénue
Fleurir des vanités de rêves triomphaux.

Prélude

A la source des seins impérieux et beaux
J'ai bu le lait divin dont m'a nourri ma Mère
Pour que, plus tard, mon Glaive étrange et solitaire
Ne connût pas la honte aux rouilles des fourreaux;

Dans l'éblouissement de métal des barreaux
D'un casque grillé d'or, orné d'une chimére,
J'eus une vision vermeille de la Terre
Où les cailloux roulaient sous les pas des Héros ;

Et, fidèle à la gloire antique et présagée,
J'ai marché vers le but ardu d'un apogée
Pour que, divinisé par le culte futur

Des Temps, Signe céleste, au firmament, j'élève,
Parmi les astres clairs qui constellent l'Azur,
Une Étoile à la pointe altière de mon glaive.

PRÉLUDE

Parfums d'algues, calme des soirs, chansons des rames,
Prestige évanoui dont s'éveille l'encor !
Et l'arôme des mers roses où nous voguâmes
A la bonne Fortune et vers l'Étoile d'or ;
Écho d'une autre vie où vécurent nos âmes,

La mémoire d'alors et de tous les jadis
Où notre rêve aventura ses destinées
Aux hasards des matins, des soirs et des midis ;
Et le mal de savoir que des aubes sont nées
Plus belles, sous des cieux à jamais interdits.

Le songe d'un passé de choses fabuleuses
Propage son regret en notre âme qui dort.....
Souvenir exhalé des ardeurs langoureuses
Qu'une Floride en fleurs épand sous les soirs d'or
Où les clartés des Étoiles sont merveilleuses.

Une mort a fermé nos yeux en quelque soir
D'amour antérieur ou de lutte héroïque,
Et nous sommes tombés aux pièges du manoir
Et nous avons dormi dans la chambre magique ;
Quel philtre a fait ainsi nos prunelles surseoir

Au spectacle éternel des choses éphémères
Dont battit notre cœur timide ou véhément ;
Et dans notre sommeil, veillé par les chimères,
Nous avons gardé tout un éblouissement
De l'époque abolie et des aubes premières.....

Les doux soirs d'autrefois surgissent un à un
Et tournent lentement en une ronde étrange :
Voici la terre antique et le brusque parfum
De la vigne où mûrit la treille de vendange
En l'automne où survit encor l'été défunt ;

Les répons alternés des odes et des lyres
Se croisent tour à tour dans l'ombre des vergers
Où la flûte s'essouffle en saccades de rires ;
Et les grappes en sang des raisins saccagés
Masquent de pourpre les impudeurs des délires :

Sang de l'automne aux doigts roses d'avoir cueilli !
Sang aux pointes des seins, sous les lèvres goulues
Et sous les mains par qui leur nudité jaillit !
Dans le bois que fleurit la chair de femmes nues
Monte le rire bref du Priape assailli.

Pourtant la vieille Terre est triste où nous vécûmes,
L'écho des grottes est le même, et cette mer
Déferle en mêmes fleurs de perles ses écumes,
Et l'ennui nous a pris de voir en le ciel clair
Tourner les blancs oiseaux qui laissent choir leurs plumes,

Bien qu'aujourd'hui ce temps soit doux, qui fut ailleurs
Nostalgique, lent à s'enfuir et lourd à vivre
En l'éperdu désir des horizons meilleurs
Et d'autres mers et de pays et d'azur ivre
Et de phares de marbre où guettent les veilleurs !

Et le vent, écho mort des choses séculaires
Et des rêves passés et des aromes bus,
Apporte un bruit lointain de rames, ô galères
Qui fendiez l'inconnu des flots vers d'autres buts,
Où vous guidait la foi des aurores stellaires.

Les griffes des caps crispaient leurs ongles mauvais
Pour nous saisir, chercheurs de l'Ile et de l'Étoile ;
Et des hommes couraient, pieds nus, le long des quais,
Pour tirer vainement des flèches dans la voile
Et jeter contre nous des sorts et des galets.

O les doux chants râlés aux gorges des Sirènes,
Et les sanglots d'appel de l'Ariane au dieu
Qui doit venir, porteur du thyrse, et les Fontaines
De Jouvence en les roses de sang et de feu,
Conviant à les boire les lèvres humaines ;

Le rivage fleuri de lis où l'ombre dort
En un duo dit par les flûtes de l'idylle
Dont l'une chante la Vie et l'autre la Mort ;
Et le heurt de la proue au sable fin de l'île
Où l'on ramasse des conques d'émail et d'or.....

C'est là que je dormis, ivre du sang des treilles,
Ayant cueilli les fruits gardés en tes vergers
Par les dragons qui vomissent des vols d'abeilles,
O toi qui vins pour faire honneur aux étrangers,
Quêteurs de la Fortune heureuse et des merveilles ;

De la montagne nue aux plaines où fleurit
Un éternel avril en fragrances de roses,
De l'aurore jusques en l'ombre qui sourit,
J'ai suivi le chemin de ton pied que tu poses
Sur le gazon, joyeux d'être par toi meurtri ;

Et je te vis venir des neiges virginales
Par qui la cime, étoile vague, en le ciel clair,
Rayonne, et tu portais à la main des pétales
De fleurs que tu mordis en regardant la mer,
Où les galères s'ancraient dans les flots étales ;

Je fus l'hôte de tes royaumes interdits ;
Et j'ai dit, à l'éveil, aux hommes d'un autre âge,
Ce chant de siècle mort et d'âme de jadis,
Afin qu'il s'enroulât en guirlandes d'hommage
A ta mémoire, jusques en les temps maudits.

Les Deux Grappes

Au sommet de la proue où veille un bélier d'or
En spirales dardant le défi de ses cornes
S'évanouirent au vent d'Est les gammes mornes
Dont le Pilote berce un regret qu'il endort ;

Les écumes des mers sont des toisons encor
Qu'éparpilla le saut astral des Capricornes.....
Et c'est la vieille vie où s'accoudait aux bornes
Le bucolique rêve en un autre décor :

L'air pastoral évoque un soir où l'on débrouille
L'écheveau d'hyacinthe au bois de la quenouille
Et le thyrse du pampre crispé qui l'étreint,

Car ce joueur, enfant, incisa les écorces
Et fut Pâtre, avant de guider au port lointain
La proue où le bélier darde ses cornes torses.

LES DEUX GRAPPES

Le crépuscule est doux, ce soir, parmi les Vignes.

Les Vendangeurs brandissent haut leurs thyrses lourds
D'un entrelacs de pampre et de grappes insignes
Et vont au chant joyeux de leurs tambourins sourds ;

Il s'exhale un parfum de la Terre chauffée,
Des vignobles et des chemins et des labours,
Et la brise passagère d'une bouffée

Disperse un rythme d'ode et les hymnes redits
Aux gloires des raisins gonflant comme un trophée
Leur maturité due aux flammes des midis ;

2

Le cortège s'espace en danses capricantes
Par les sentiers où les échos sont assourdis
Vers les marches du Temple aux chapiteaux d'acanthes ;

Et dans la troupe en joie, ivre du vin futur
Les femmes ont livré leurs lèvres de bacchantes
Dont le rire de chair s'ouvre comme un fruit mûr.

Lorsqu'ils auront lavé leurs mains rouges au Fleuve
Et rendu grâce au Dieu par qui luit en l'azur
L'or du soleil propice à la vendange neuve,

Ils iront vers la Ville où le marbre trop plein
Des vasques laisse choir l'onde où la soif s'abreuve
A la hâtive coupe en valve d'une main ;

Mais aujourd'hui la ville est en fête et délire,
Et le cortège fou qu guide un tambourin
S'avance en un accueil de Trompette et de Lyre ;

Les gueules des lions au muffle bestial
Crachant l'onde vulgaire aux auges de porphyre
Lancent un flot pourpré de vin convivial,

Et, dans un tournoiement cabré de danse agile,
Cette foule, en ce soir d'ivresse jovial,
Heurte et boit, méprisant or et verre fragile,

Le vin né de la Terre en des coupes d'argile !

* *
 *

J'ai cueilli, pour moi seul, ce soir, la grappe unique

Et je l'emporte, ayant de la terre aux genoux,
Soigneusement roulée aux plis de ma tunique,
Par le chemin pierreux où glissent les cailloux,

Vers le sommet du mont où la grotte recèle
Le trésor ignoré des merveilleux bijoux
Dont l'éclat fulgurant dans l'ombre se décèle ;

Parmi tous, je connais la coupe sans défauts
Dont le métal sonnant de saphyrs se bossèle,
Digne du Vin versé dans ses ors triomphaux,

Et j'y boirai le sang de la grappe cueillie
Comme on mange le bled mystique que la Faulx
Ne fauche pas aux champs de la Terre avilie...

Voici d'ombre et de soir tout site atténué
Dans un effacement de rêve qu'on oublie,
La Ville en bas redit son cri diminué,

Echo du monde vain que mon mépris déserte,
Clameur d'un peuple en joie à sa danse rué
Et dont vient à mes pieds mourir la voix inerte.

Cependant que tourné vers la Mer qui tout bas
Déferle sourdement sur la plage couverte
Des écumes, sueurs des vagues en ébats,

Je convie à fêter l'ivresse des breuvages
Les Oiseaux merveilleux qui voltigent au ras
Des flots jaillis emperlant l'essor des plumages,

Rôdeurs infatigués des Iles et des Mers
Et qui portent au bec des fleurs et des messages
Par delà l'Occident des Océans amers,

Voyageurs jamais las et forts qui sont mes rêves,
Et dont les ailes sont couleur des outremers
Du ciel, en ces pays où l'or sable les grèves ;

Voici qu'autour de moi vole et tourne l'essaim ;
Leurs pennes de métal ont des lueurs de glaives
Et j'écrase joyeux la Grappe de raisin,

Tandis qu'au loin la Mer calmée a tu ses râles,
Je lève dans la Nuit et le Silence saint
La coupe, et bois le vin des vendanges lustrales

Où tremblent des reflets d'étoiles sidérales.

Lux

La torche des glaïeuls s'enflamme aux clairs midis
Qu'un bois d'ombre bleuit par delà le grand Fleuve
Aux bords frolés de brise, un peu, pour que s'y meuve
En ondes le flot glorieux des blés blondis ;

L'essaim bourdonne en nimbe autour des ruches pleines
Parmi le val où l'herbe abonde de fleurs d'or,
Et dans l'Azur fendu d'un sillage d'essor
Des vols d'oiseaux fuyards rament à toutes pennes ;

Tout l'éphémère éclat des rives et des ciels
Rayonne en ces midis qui fondent l'or des miels
Et c'est la chûte lente et seule d'une plume,

A l'horizon des routes où vont nos pas seuls
Jusqu'à la nuit d'un crépuscule où se consume
Le flamboiement fleuri de pourpre des glaïeuls.

LUX

C'était l'aube d'un jour de gaîtés et de rondes
En la clarté rieuse et rose des matins
Où le Printemps s'échappe à ses exils lointains
Pour d'un rire éveiller le sommeil des vieux mondes,

C'était l'aube d'un jour de joie et d'allégresse
Dans l'azur rajeuni de l'Orient charmé,
C'était l'effeuillement des couronnes de Mai,
La moisson douce et la vendange sans ivresse,

De simples fleurs que se paraient les chevelures
Et non du riche orgueil d'un pampre rougissant,
Ce n'était pas l'orgie équivoque et le sang
Des grappes ni sa pourpre chaude et leurs souillures

La fraîcheur nuptiale et claire des **ro**sées
Mouillait seule les doigts et perlait seule aux mains
Des Vierges, qui passaient, blanches, par les chemins
Dans le silence des campagnes reposées.

Il s'en venait parfois sur les brises chargées
De parfums l'éclat pallié d'un rire pur,
Et tout là-bas la mer infinie et d'azur
Prolongeait l'horizon des pleines étagées,

Le doux vent qui poussait les lames sur les grèves
En lents écroulements d'écume au sable d'or
Apportait dans le tourbillon de son essor
L'essaim miraculeux des Espoirs et des Rêves ;

C'était comme le souffle d'un Dieu qui délivre !
Et l'attrait rayonnant de cette nouveauté
Rajeunissait l'enchantement et la beauté
De la vie et donnait de fous désirs de vivre...

Voici le Temple enguirlandé du seuil au faîte
Le marbre blanc scintille et rayonne aux frontons
Voici la porte ouverte et le parvis ; montons
L'escalier incrusté jonché de fleurs de fête :

Autour du toit un vol de colombes fidèles
Tourne et s'abat épars parmi l'azur profond
Du ciel, et c'est ainsi que viennent et s'en vont
Les heures s'envolant avec un frisson d'ailes ;

En cortège vers l'ombre et l'abri des ramures
Les couples vont rêver leurs rêves préférés,
Et des oiseaux goulus piquent les grains pourprés
Des muscats grappelés et des grenades mûres ;

Le soleil qui ruisselle inonde les porphyres,
Les plaines et les bois et la mer sont de l'or !
Là-bas, dans la forêt massive qui s'endort,
Passe l'appel jeté des Odes et des Rires.

La Galère

O roses du Jardin et des aubes vaillantes
Que n'avez-vous fléchi les Princesses, ô fleurs,
Et voici les amours et les femmes d'ailleurs
Dont les lèvres aussi comme vous sont sanglantes ;

Le fard teinte le nu des bustes où se tord
La guirlande qu'y nouèrent des mains brutales,
Et c'est le cortége impérieux des Omphales
Pour qui file au rouet le Héros qui s'endort.

Et sur le fond rougi des couchants ironiques,
Parmi les lis éclos en le Jardin de rois,
Ce sont les Dalilas cachant sous leurs tuniques

D'hyacinthe l'éclair d'acier des ciseaux froids
Et qui vont, graves, emmêlant entre leurs doigts
Le noir trésor des chevelures héroïques.

LA GALÈRE

.... des galères d'or belles comme des cygnes

Stéphane Mallarmé.

Parmi la floraison des arbres et des roses
Dont rit le mont gemmé de son glacier vermeil
Notre âme avait connu le merveilleux éveil
De son enfance pour la nouveauté des choses :

De l'ombre des vallons jusques au sable amer
Et, des sites exubérants aux grèves nues
S'épandait la candeur des roses ingénues
Et des caps florescents s'allongeaient dans la Mer ;

Terre d'éveils ravis où dort l'écho des rêves
Au fond des bois bordés d'étangs et de jardins...
Des fleuves embaumaient aux lauriers riverains
Leurs ondes claires à baigner le nu des Èves.

Mais voici qu'à l'effort d'un doux vent alizé
Vers le golfe incurvé calme comme une rade
Vint aborder une galère de parade
Belle d'un appareil naval et pavoisé.

La poupe reflétait ses lettres en exergue
Aux flots battus par les rames à chaque bord,
Et des singes pelés se jetaient des noix d'or
Avec des cris du haut de la maîtresse vergue ;

Tous les agrès étaient de soie et d'or tissés,
Un semis de croissants de lunes et d'étoiles
Eparses constellait l'écarlate des voiles,
A des hampes, des tendelets étaient dressés...

Les Princesses ayant foulé les blondes grèves,
S'en vinrent en cortège à travers les jardins,
Avec des fous, des courtisans, des baladins,
Et des enfants, portant des oiseaux et des glaives.

Et, pris d'un grand amour et tout émerveillés
De sentir une honte enfantine en nos âmes
A nous voir si chétifs devant ces belles Dames
Et vêtus de la laine seule des béliers,

A leurs mains maniant des éventails de plumes
Prises à l'aile en feu des oiseaux d'outre-mer,
A leurs pieds qui courbaient les patins d'argent clair
A leurs cheveux nattés de perles, nous voulûmes,

Emus d'un grand émoi suprême et puéril,
Forts du timide amour qui rêve des revanches
Nouer les nœuds de guirlandes de roses blanches
Que le sang de nos doigts pourprerait d'un Avril ;

Mais aux poignets sertis des Belles souriantes
Tous les liens de fleurs défleurirent leur poids,
Et les Oiseaux qu'au poing portaient les Enfants-Rois
Nous éblouirent d'un vol d'ailes effrayantes ;

Et les Princesses fabuleuses aux yeux doux
Fuirent avec leurs fous et leurs bouffons hilares
Aux Nefs de parade qui larguaient leurs amarres
D'un or fin et tressé comme des cheveux roux.

Le Voleur d'abeilles

A MON AMI FRANCIS VIELÉ-GRIFFIN.

Nul ne sait si promis à quelque exil farouche,
Héros maudit de son régne déshérité,
D'astre annonciateur d'une nativité
N'a pas brillé jadis sa puérile couche ;

Et la conque où s'éveille aux gammes de sa bouche
Le progressif écho d'une sonorité
Garde au contact de son pur souffle ébruité
Un peu du rose de la lèvre qui la touche ;

Il rayonne à son front des vols d'abeilles d'ors,
Au poids de son talon résonnent des trésors
Enfouis en l'horreur de cette solitude

Où sa flèche tua les Oiseaux voyageurs,
Et quand sa vierge chair pour le bain se dénude
L'aube d'un sang royal y montre ses rougeurs.

LE VOLEUR D'ABEILLES

Tuned to the noon-day whisper of the trees
A simple flute calls forth the humming bees...

Francis Vielé-Griffin. (Ode to Edgard Poe)

Le poids des grappes a courbé le jet des treilles
Lourdes de soir et d'or et de maturité,
Une rumeur de mer, au loin, berce nos veilles
Et parmi l'ombre où notre amour s'est abrité
La brise aux feuilles semble un passage d'abeilles.

Les ors divers des blonds soleils et des miels roux
Qui ruissellent de cire aux ruches des collines
Nuancent de leur double éclat tes cheveux doux,
A mon étreinte dénoués, et tu t'inclines
Pour baiser le front las posé sur tes genoux.

Un sourire de toi vaut une autre conquête
Et toute cette joie est lourde et c’est assez...
Un clairon vibre sur la grève, et sa requête
Arrive dans le soir jusqu’à moi qui ne sais
Plus rien de ce vain rêve où leur orgueil s’entête.

Ce lent jour écoulé d’aventure et d’émoi
Relègue en un oubli radieux la mémoire
De tout, hormis ’amour qu’il m’a valu de Toi
Et laisse-moi, d’un trait, t’en redire l’histoire
Merveilleuse, la suite et le naïf exploit.....

L’attente, et dans la nuit d’étoiles l’aube née
A l’Orient de cette mer où nous voguons
Vers les défis à notre proue éperonnée
Jetés par le Pays de l’or et des Dragons
Vers qui par le hasard notre course est menée,

La terre en fleurs surgie à l’aurore en chemin,
Et la plage déclive et le décor de vignes
Et d’oliviers, et sur le ciel clair du matin
La neige des sommets ondés en lentes lignes,
Et les vallons s’ouvrant aux fuites du lointain ;

Ce n'était pas le terme encor de l'équipée
Le Pays fabuleux que devait conquérir
L'héroïque talon nu des porteurs d'épée.
Le navire pourtant vira pour atterrir
Au sable d'une baie unie et découpée.

Et tandis qu'Ils parlaient de victoire et de sang
Et de soirs de massacre en des villes royales,
Assis en rond sur le rivage éblouissant,
J'errais parmi l'éveil des plaines pastorales
Dont les parfums grisaient mon âme de Passant;

Et j'ai marché vers l'ombre étroite des vallées
Vertes d'herbes et d'onde où dans les roseaux droits
Tremblait la fuite encor de Nymphes détalées,
Et j'ai suivi le long des lisières d'un bois
Le pas de quelque Faune empreint aux fleurs foulées.

L'Azur du ciel dormait d'un silence ébloui,
Alors qu'une rumeur parvint à mes oreilles,
Et voici que bientôt paraît l'essaim ouï :
Et le vol bourdonnant d'innombrables abeilles
Gronde et pleut comme une grêle d'or inouï.

Les ruches dressent l'or de paille de leurs cônes
Au centre de la plaine où vibre le millier
Des abeilles vers qui le pas suivi des Faunes
M'a conduit par le bois et le sentier mouillé
(Car ils aiment et dérobent les beaux miels jaunes).

J'ai pris un rayon de miel ainsi qu'un voleur,
Et l'essaim bruissant comme un rêve tragique
Environna ma fuite à ce verger où leur
Colère se tut à l'éveil d'un chant magique
En incantation de lent rythme charmeur.

Et vers toi, ma Joueuse éternelle et frivole,
Qui d'un souffle en la flûte avive le vain jeu
Des gammes, fol essor qui vers l'écho s'envole,
Je t'apparus parmi la candeur du ciel bleu
Et nimbé d'un or d'abeilles en Auréole.

Et, pour cette rencontre et ce rapt enfantin
D'abeilles et ton sourire d'enorgueillie,
Mon âme qui voguait vers un autre destin
Abdique au doux servage où ta natte la lie,

Et la Trompe d'appel au ras des mers s'éteint.

Ariane

Aux grèves de soleil où s'effacent les pas
Comme la vanité de notre ombre éphémère
Se sont moulés les seins aigus de la Chimère
Qui dormit sur le sable en quelque midi las,

La mer bourdonne sourde, à dire des abeilles
Ivres de l'or des algues rousses, et l'éclat
Du ciel de pourpre où le sang d'un soir ruissela
Evoque d'autres soirs aux vendanges de treilles ;

L'ombre mystérieuse a redit aux échos
Les tambourins rythmant les rites triomphaux
Du Dieu qui porte un thyrse où se tordent des vignes,

Et, dans la nuit d'été sereine, luit encor,
Parmi la foule des étoiles et des signes,
Ta couronne, Ariane, éclose en astre d'or.

ARIANE

La proue impérieuse à l'horizon des mers
N'a pas fendu les flots dont l'écume est la flore
Eclose aux renouveaux de leurs éveils amers.

Le conquérant venu des pays de l'Aurore
N'a pas quitté la rive natale où grandit
L'héroïque rumeur de son renom sonore

Et, sur la proue aventureuse où se raidit
La révolte du buste nu de la Sirène,
Le bouclier n'a pas encore resplendi

Qui porte en sa rondeur rousse de lune pleine
L'image creuse en l'or d'un Bacchus triomphant
Sur le char attelé d'un tigre qui le traîne,

Ce dieu viril, aux yeux de femme, aux chairs d'enfant
Qui secoue en ses mains, hochet de son délire,
Un thyrse lourd de pampre où le raisin mûr pend,

Blond vainqueur dont le cri de guerre n'est qu'un rire
Et qui détourne au soir sa route sur les flots
Vers l'Ile rencontrée où la plainte l'attire

De la voix qui sanglote aux grèves de Naxos.

*
* *

Les ailes d'un oiseau de mer qui vole et plane,
Font choir une ombre double aux plages de soleil,
Où mon ennui s'accoude en poses d'Ariane.

De l'aurore à midi, sidéral et vermeil,
Jusqu'au soir violet, où s'allume l'étoile
De chaque nuit plus douloureuse à son réveil,

Au creux des sables fins comme un linceul de toile,
S'est moulé mon ennui las de l'attente où rit
Un mensonge d'oiseaux longtemps crus une voile,

Et d'éternels avrils d'écumes ont fleuri
Sur les glauques sillons des vagues éternelles,
Prés que le soc d'aucune proue encor n'ouvrit;

Et las de cette mer et du leurre des ailes
Aux horizons lointains et nus des ciels d'azur
Et du déferlement des lames parallèles

Dont le flux de marée efface et comble sur
La grève mon empreinte vide, je ramasse
Une conque en spirales torses d'émail dur

Où je souffle un appel à quelque dieu qui passe.

Le Verger

A MON AMI PHILIBERT DELORME.

Le matinal espoir des jours que j'innovais
Fut la promesse de tes lèvres d'Ingénue
Et d'avoir pour mon front tressé la bienvenue
Des guirlandes où rit la floraison des Mais ;

L'Été m'a ramené vers l'ombre où tu dormais
Dormeuse de la sieste éblouissante et nue :
Ne m'as-tu pas guidé vers la mort inconnue
Toi qui parles aux soirs de l'Automne mauvais,

Et, toutes trois n'étiez-vous pas l'amour unique,
Mystérieuses sœurs du Verger symbolique
Où veilla votre attente et votre trinité,

Et chacune de vous, tour à tour, eut mon âme
Avec sa lassitude et sa naïveté
Et j'ai chanté vers vous ce triple Epithalame.

LE VERGER

Je vis de la fenêtre ouverte sur le Rêve,
Au cadre fabuleux d'un vieux site écarté,
Un Verger merveilleux de rosée et de sève
Surgir en l'aurorale et candide clarté
De l'heure où l'aube naît dans la nuit qui s'achève.

L'éveil d'un jour d'azur en un décor d'Avril
Faisait chanter la joie étrange des feuillées,
La pelouse propice aux siestes sans péril
Allongeait ses tapis de verdures mouillées
Pour l'agenouillement d'un aveu puéril.

Le doux vent bruissait dans l'entrelacs des branches
Et courbait l'herbe folle et glauque des gazons,
Et des arbres se détachait en avalanches
Le trésor libéral des neuves floraisons
Rouges ou pâlement roses ou toutes blanches.

Dans le charme de l'heure, au centre du verger
Frissonnant d'un émoi de plumes et de brises
Eparses en les fleurs dociles à neiger,
Près d'une source Trois Femmes étaient assises
Oyant le flot parler d'un gai rire léger.

Et la Première était gracile et toute ceinte
D'une robe pudique à plis multipliés,
L'Autre en sa nudité conviait à l'étreinte
Sans défense des bras sous son col repliés
Et la Troisième avait la robe d'hyacinthe

De ses genoux, parmi le] reflet violet
Des étoffes, choyaient des grappes d'asphodèles
En l'herbe où la Dormeuse impudique étalait
La floraison aux seins de deux roses jumelles ;
La plus jeune tressait des fleurs en chapelet,

Ses cheveux étaient blonds à tromper les abeilles ;
Et celle qui dormait épandait à grands flots
L'or de sa chevelure et ses rougeurs vermeilles,
L'autre évoquait la nuit où les astres sont clos
Par ses bandeaux obscurs qui couvraient ses oreilles ;

Et toutes trois semblaient depuis l'éternité
Des siècles être là pour guetter la venue
En ce verger floral de l'Avril visité
De Celui qui viendrait d'une terre inconnue
Vers leur divine et leur fatale trinité !

Il vint par le chemin du côté de l'Aurore
Des vieux Édens perdus vers le monde ignoré,
En ce Verger de source et d'arbustes sonore,
Ephèbe épris d'amour, vaguement timoré
De son exil parmi les routes qu'il ignore ;

Vers celle qui tressait des fleurs entre ses doigts,
Vers la timide, la pudique, la gracile
Dont les cheveux flottaient sur la robe à plis droits
Il vint, et son aveu frivole et juvénile
Salua des genoux l'Élue entre les trois :

« Moi qui viens de l'Aurore et qui marche vers l'ombre
De par le sort impérieux qui m'asservit,
Sois ma Compagne pour la Vie et la Mort sombre ».
La Vierge se leva soudain et le suivit,
Car elle l'attendait depuis des jours sans nombre.

*
* *

L'épanouissement des sèves estivales
Eclate maintenant en feuillages divers !
Le cri précipité d'invisibles cigales
Monte des hauts gazons d'émeraude, au travers
Du perplexe repos des verdures rivales.

Le Verger matinal s'engourdit et s'endort
Sous le poids du soleil, de l'heure et du silence·
Et d'entre les rameaux que ne meut nul essor
D'ailes et que pas une brise ne balance
Glissent de grands rayons comme des glaives d'or.

Par l'air une senteur vaguement flotte et rôde :
Moiteur de seins, sommeil de chair, afflux de sangs,
Tous les parfums sués par la terre âpre et chaude
Et sur les larges fleurs grasses de sucs puissants
Bourdonne l'or vibrant d'abeilles en maraude.

Parmi l'herbe éclatante et qu'elle éclipse, fleur
De ce royal Été promis par les Aurores
Où le Verger germa sa récente pâleur.
Émue au renouveau des ailes et des flores,
La Divine s'étire en la pleine chaleur ;

Et dédaignant l'aide factice d'aromates,
Par la seule beauté de son corps attirant,
Par l'or de ses cheveux et l'éclat des chairs mates
Prête à vaincre le doux et juvénile Errant
Elle sommeille sur des roses incarnates,

Sachant qu'il reviendra vers le site béni
D'où parmi la splendeur d'une aurore natale
Se leva doucement du groupe réuni
Sous les fleurs qui tombaient en neige triomphale
Celle pour qui son prime amour fut infini ;

Car ce rêve d'enfant de choisir le sourire
Virginal et l'amour éternel et naïf
Qui pour toute la Vie, et seule, veut élire
Une reine à son culte idolâtre et votif,
Se dissipe aux midis de chair et de délire ;

Et, dans le chaud verger où les abeilles vont
Déchirant l'air chargé de parfums et d'attente
Le Ravisseur joyeux et sûr s'élance et fond
D'un élan sur la chair magnifique et tentante
Et l'emporte rieur vers le fourré profond;

Et, comme un cri jeté de rut et de victoire
Et d'instinct sur sa proie impunément rué,
Vibre le rire triomphal et péremptoire
Aux échos successifs longtemps perpétué
Pour se perdre dans l'air sonore et sans mémoire.....

*
* *

Le double pas marqué sur l'herbe du matin
N'indique plus la trace où pesa leur foulure;
Le rire glorieux dans l'écho s'est éteint :
O l'or évanoui de cette chevelure !
O le premier aveu du Passant enfantin !

Au ciel d'or vespéral strié du sang d'un astre
Agonisant sa mort et son tragique soir
Quel amour en péril va rire son désastre?
La source froide et lisse est comme un marbre noir
De sépulcre parmi le gazon qui l'encastre.....

Le ciel est devenu d'ocre et de violet,
Foyer mort et marais de cendres et de fange
Qu'éparpille au passer l'aile d'un vent muet,
Et le verger d'ombre équivoque et d'heure étrange
S'alourdit d'un parfum de fièvre et de fruit blet;

Et la Femme aux grands yeux d'attente et de nuits vagues,
Droite en sa robe d'hyacinthe à joyaux clairs
A décroisé ses mains où luit un feu de bagues
Et d'un lent geste s'est là-bas tournée et vers
Le sentier blanc jusqu'où l'herbe déferle en vagues

Et par où va venir celui qui reviendra
Et, levée, elle dit lentement à voix basse :
« Suis-je pas le baiser dont sa lèvre voudra,
Moi la seule tentation de la chair lasse
Pêche miraculeuse aux aigreurs de cédrat,

Ma chair s'est préservée au tissu des tuniques
Du contact insulteur des vents et du soleil
Qui rougit le corps des dormeuses impudiques
Et ne s'avive pas de la nuque à l'orteil
Du fard éblouissant des incarnats cyniques ;

Et, mes voiles tombés à mon seuil nuptial,
Je ne tenterai pas la défense qu'invente
La Vierge et j'offrirai mon corps impartial
Dans la sécurité de la Femme savante
Sereine à tout jamais d'avoir su tout le mal ;

J'ai vu le renouveau des saisons éphémères
Et le mensonge bleu menti par les Azurs,
J'ai l'amour de l'épouse et la pitié des mères
Pour ceux qui dans la nuit où tombent les fruits mûrs
Guettent l'effarement du vol fou des chimères ;

Et reçois maintenant le don et le trésor
D'oubli que t'ont gardés mes lèvres hypocrites,
Et je serai ton guide aux fêtes de la Mort
Où tu prendras le feu des bûchers et des rites
Pour la gloire et l'éclat d'un lever d'astres d'or ;

Et vienne maintenant le doux Passant du site
Matinal, l'Ingénu de ce verger d'alors,
Le Charmeur oublieux de la Vierge tacite,
Le Ravisseur qui rit l'exploit de ses bras forts
Vers mon amour et sa suprême réussite ! »

Les Mains

L appareil varié des riches artifices,
Etoffes, fards, bijoux, sourires, tu les as !
Mais les robes sont d'un tel poids à ton corps las
Qu'elles glissent au nu de tes épaules lisses ;

Comme un couchant de flamme au froid des horizons
Transfigurant la plaine où gisent les scories,
Le fard posé ravive à tes lèvres meurtries
Le jeu de leur sourire et de tes pâmoisons ;

Et l'étoile de diamants aux pendeloques
De tes oreilles a, sur tes nuits équivoques,
Lui comme sur mes soirs de mal les astres vrais ;

Et cette lassitude égale nous convie
A joindre nos deux cœurs douloureux et navrés...
Vous qui savez si bien les hontes de la Vie.

LES MAINS BELLES ET JUSTES

Attestant la blancheur native des chairs mates
Les mains, les douces mains qui n'ont jamais filé,
Hors des manches sortaient le blanc charme annelé
De bagues, de leurs doigts, tresseurs des longues nattes.

O Mains, vous cueillerez au bord des fleuves calmes
Les grands lis de la rive et les roseaux du bord
Et sur le mont voisin vous choisirez encor
La paix des oliviers et la gloire des palmes ;

O Mains, vous puiserez à la berge des fleuves
Pour laver sur les fronts l'originel méfait
Le trésor baptismal de l'eau sainte qui fait
S'agenouiller le lin pieux des robes neuves ;

O Mains de chair suave où la lenteur des gestes
Fait descendre le sang au bout des doigts rosés,
Vous ferez sur les fronts las où vous vous posez
Neiger le bon repos de vos fraîcheurs célestes !

Et les Poètes, ceints de pourpres écarlates,
Qui chantent le regret de leur rêve exilé
Vous baiseront, ô Mains, pour n'avoir pas filé
Le lin des vils labeurs et des tâches ingrates :

Car aux lèvres l'émail des carmins efficaces
Avive leur contour sinueux et fardé
Et la bouche de la Femme n'a rien gardé
De sa fraîcheur de chair rose de sangs vivaces

Et les yeux ont requis le bistre des cernures
Et la joue a rougi d'un factice incarnat
Et des feux de saphyrs qu'une main égrena
Se piquent en l'or trop fauve des chevelures

Et les doux seins, appas impérieux des lèvres,
Première puberté des torses ingénus,
Cachent frileusement leurs charmes advenus
Sous les joyaux trop lourds que vendent les orfèvres

Et le ventre poli qui s'étoile d'un signe,
Où frise le secret des laines de toisons,
Les hanches et les seins bombent sous les prisons
Des tissus palpitants dont le rêve s'indigne ;

Les robes d'or rigide où remuant d'écailles,
La soie aux plis nombreux, variés et chantants,
Et l'émail éraillé des satins miroitants
Et la moire ridée en ondes et les failles,

Recéleurs des parfums que propagent les traînes
Et grisant le cerveau des hommes à genoux
Qu'exaspère l'essaim cruel des désirs fous,
Voilent les nudités plastiques et sereines

Et, seules, attestant la blancheur des chairs mates
Les seules mains, les mains qui n'ont jamais filé,
Sortent mystiquement le blanc charme annelé
De bagues de leurs doigts, tresseurs des longues nattes.

Mains douces ! qui cueillez sur la berge des fleuves
Les grands lis de la rive et les roseaux du bord,
Mains bonnes ! qui puisez le baptismal trésor
Qui fait s'agenouiller le lin des robes neuves,

Mains justes ! arrachez le voile qui dérobe
A nos yeux le secret des purs nus triomphaux,
Dénouez la ceinture et brisez les joyaux,
Déchirez la tunique et lacérez la robe

Et, dans le bain sacré des ondes baptismales,
Lavez les fards impurs dont se fardent les chairs,
Et que le Fleuve chaste emporte en ses flots clairs
Tout l'incarnat dissous des roseurs anormales,

Et sur la grève qu'un grand soleil a dorée,
Parmi les lis de l'anse et les roseaux des bords,
Se dressera dans la clarté le divin corps
En l'éclat primitif de la chair restaurée :

Et les cheveux auront une splendeur cruelle
Eparse comme un nimbe et comme un astre en feu !
Et s'épanouira sur le doux ventre, un peu
D'un fauve or de toison nubile qui s'annèle.

Sponsalia

Dès la fauve clarté d'un midi nuptial,
Vers les parvis jonchés éclate un chant de fête
Sacrant l'avènement du jour initial
Où meurt tout un passé sur qui la nuit s'est faite

Les hymmes triomphaux redits à pleine gorge,
Se taisent et le soir qui saigne aux horizons
S'attriste du sanglot d'un rêve qu'on égorge
Holocauste dernier aux vaines déraisons;

La Noce foule et fane en la route bénie
Les fleurs d'un autre Avril que fut une autre vie
Morte à jamais avec ses affres ou sa joie;

Et sur l'Escalier où le cortège se range,
D'un geste langoureux la Fiancée octroie
Sa main à l'anneau, lourd de quelque pierre étrange.

SPONSALIA

Sur la fête d'un soir d'aromates et d'Anges
Porteurs de glaives d'or et de robes étranges
Qui flottent sur le ciel étoilant leurs lents plis
Mouillés par la rosée abondante des lis
Par qui s'embaume le silence des vallées
Souffle l'aile d'un vol de plumes étalées....

Ce rêve d'âme triste et lasse de la chair
Des corps charmants et des lèvres, par qui l'éclair
Inoui du baiser propage ses délices,
Et de l'adieu fatal des blondes Bérénices

Dont les charmes sont les sourires enfantins
Et leurs parures de joyaux et leurs yeux teints
Du fard de quelque mode invincible et barbare
Mais dont toujours la Loi cruelle nous sépare !
Ce songe d'une Fête vague dans un soir
Empli d'ailes mouvant des parfums d'encensoir
Et d'Anges blancs, porteurs de palmes et d'épées,
Droits en l'étoilement de leurs robes drapées
En ce cri d'Hosannah s'achève pour jamais...

L'écho vibre de tes paroles et tu mets
Entre mes mains tes mains à qui nul ne résiste
Pour qu'à tes doigts l'anneau d'argent, où l'améthyste
Enchâsse son éclat vespéral et fané,
Atteste l'éternel amour qui s'est donné
A toi, l'Elue, en ce rite d'Epithalame,
A toi qui veux de mon amour et sais mon âme
Et crois à ce serment qui pleure à tes genoux,
Epris de l'or mystérieux des bandeaux roux
De ton front parfumé d'un miel de chevelure
Où l'arôme des fleurs se mêle à la brûlure
Des blonds soleils sombrés à l'horizon marin,
Et de ta bouche source et merveilleux écrin
Des roses qu'elle sème aux glaneurs de poèmes...
Pour fêter l'onction triomphale des chrêmes
Les myrtes nuptiaux ont jonché les parvis

Et l'ostensoir s'allume en diamants ravis
Aux trésors déterrés des Grottes prismatiques
Et sur le haut vitrail planent les vols mystiques,
Courbant les lis frôlés du nu de leurs talons,
Des Anges vêtus d'or, porteurs de glaives longs
Au pommeau rehaussé par des perles bossues
Et de robes, qu'un ciel d'Étoiles, aperçues
En leurs scintillements de clartés et d'exils
Et leurs gouttes de feux palpitants et subtils,
Par les trous dont le Temps a criblé les verrières,
Constelle de points d'or et pique de lumières.

La Vaine Vendange

Ils ont filé la laine blanche à vos genoux
Indolents et charmés de leur tâche d'esclave
Et sous vos yeux railleurs dont le défi les brave
Ils ont courbé la tête et se sont faits plus doux ;

Leurs armures gisaient dans l'herbe haute, et Vous,
Comme par jeu, d'un rire ironique et suave,
Fîtes sonner l'écho de la trompette cave
Et le casque essayé couvrit vos cheveux roux ;

Et les Héros, riant de cette espiéglerie,
Ignorent que leur chair imprudente et meurtrie
Doit saigner aux sabots de leurs chevaux cabrés,

Que d'une main tirant vos glaives de Tueuses
De l'autre, pour les éblouir, vous dénouerez
L'or épars de vos chevelures somptueuses.

LA VAINE VENDANGE

Un sang miraculeux saigne dans les calices
D'où déborde en caillots la pourpre des rubis
Et voici s'allumer aux soirs des sacrifices
Les cierges, blancs comme la toison des brebis !

Du trésor opulent des laines de la tonte
Nous avons façonné par le soin de nos mains
Des ceintures d'opprobre et des robes de honte
Que nos Épouses traînèrent par les chemins ;

Leurs lèvres où s'ouvrait la rose des sourires
Ont fleuri leurs parfums pour d'autres que pour nous,
Et les doigts enhardis et velus des Satyres
Ont manié le poids de leurs cheveux d'or roux,

Chevelures blondes et fauves d'auréole
Où nous voulions l'éclat d'exotiques joyaux,
Trophée étrange et prix d'une gloire frivole
Qui chargent le retour opime des Héros !......

L'Ile où nous a menés le vol dompté des Cygnes
Traînant la conque d'or sur des mers de saphyr
Vers la maturité des vergers et des vignes
Sur qui de grands couchants d'Automne vont mourir,

Le jus des fruits sacrés et le pur vin des grappes
Dont s'exalte une ivresse aux cerveaux avinés
Ont trompé notre soif au soir de nos étapes
Que brûlèrent les feux des soleils déclinés,

Vendange de la Gloire insipide et cruelle
Du sang saigne au calice et déborde, rubis !
Et dans le soir la flamme pâle s'échevèle
Des cierges, blancs comme la laine des brebis.

Le Jardin d'Armide

Les heures, fol essaim ! sont mortes une à une
Comme les fleurs, comme les jours, comme les rêves,
Et le reflux du Temps a dénudé les grèves,
Et le vent a chassé les sables de la dune ;

La poussière des soirs s'envole en l'ombre avide
De cette vanité qu'un souffle épars emporte,
Cendre amère du fruit maudit d'une mer morte
Où gît la Cité d'or mystérieuse et vide ;

Le Rouet a filé la laine des vains songes,
Le métier a tissé l'étoffe que tu ronges,
O temps, nul n'a vêtu la robe qui s'effile,

Et le glaive, tenu d'un geste de statue
Par l'Archange, a marqué de son ombre inutile
Le cercle lent que l'heure implacable évolue.

LE JARDIN D'ARMIDE

Blanche comme les lis des jardins endormis,
Et l'éveil ingénu des âmes, ô l'Aurore
Neigera-t-elle encore au pavé des parvis
Où sommeille un écho dans le marbre sonore ?

Les Gardiens puérils chaussés de patins d'or
Vêtus du lin filé par les Vierges assises
A l'aube de ce jour ouvriront-ils encor
La Porte merveilleuse et les serrures mises

Pour que, des colombiers et des lacs de cristal
Les cygnes blancs et les colombes des prairies
S'en viennent, vol éblouissant, à ce signal,
Sur les marches manger l'orge de pierreries ?

Et pour avoir dormi sur la Terre et mordu
Aux mensonges des fruits du Jardin de l'Armide
N'est-il plus de retour vers le Temple perdu
Où le doux sang s'écaille en le calice vide ?

Comme les Pénitents et les Purifiés
Mon repentir voudrait saigner son agonie
Et tordre un hosannah de bras crucifiés,
Supplicateur de l'Eternelle Epiphanie !

Custode du trésor mystique et crucial,
Porteur du glaive étincelant et de la Lance,
Gardien du Temple adamantin et du Graal
Et du calice clair où dort toute excellence,

Chevalier de l'armure chaste et Paladin,
Hôte des Pèlerins du Sanctuaire étrange,
Roi par la rose symbolique du Jardin
Que garde le défi du Glaive de l'Archange,

J'ai quitté la montagne et le précieux Sang
Et j'ai lavé ma honte en l'eau du baptistère
Et j'ai pris la route d'opprobre qui descend
Vers la défaite et vers le Péché de la Terre ;

Les paumes de mes mains ointes pour l'hosannah
Et le geste par qui se hausse le calice
Se souillèrent à cueillir des fleurs que fana
L'aurore malveillante du mauvais délice ;

Le Philtre de l'Armide à mes lèvres rougit,
Et mon éveil fut langoureux de cette étreinte,
Et la blessure avide à mon flanc s'élargit
Et mon sang marque les détours du Labyrinthe,

La rosée a rouillé mon épée, une main
A délacé l'armure et ses mailles rompues,
Le vent vibre comme le rire du Malin,
En mon casque où s'éploie un vol d'ailes griffues,

Et parmi les lis morts des Jardins endormis,
Comme le sourire d'une morte, ô l'aurore
M'apporte un vain écho des fêtes du Parvis
Où chantent des doigts d'Ange en la harpe sonore.

Paroles dans la Nuit

La Terre douloureuse a bu le sang des Rêves !
Le vol évanoui des ailes a passé
Et le flux de la Mer a ce soir effacé
Le mystère des pas sur le sable des grèves ;

Au Delta débordant son onde de massacre
Pierre à pierre ont croulé le temple et la cité
Et sous le flot rayonne un éclair irrité
D'or barbare frisant au front d'un simulacre ;

Vers la Forêt néfaste vibre un cri de mort,
Dans l'ombre où son passage a hurlé gronde encor
La disparition d'une horde farouche,

Et le masque du Sphinx muet où nul n'explique
L'énigme qui crispait la ligne de sa bouche
Rit dans la pourpre en sang de ce coucher tragique !

PAROLES DANS LA NUIT

Le Sphinx face de pierre et d'ombre m'a parlé :

Au temps antérieur des fauves barbaries
J'ai gardé le pont où passait le défilé
Des caravanes d'or et des cavaleries.

Accroupi sur le socle où s'incrustait le poids
De mes griffes, lasses du bris des pierreries
Qu'elles broyaient jadis en la crypte des Rois,

Gardien mystérieux du Fleuve et du passage,
Jetteur de sort néfaste et de mauvais alois
Mon vigilant aguet veilla son esclavage.

Si des Femmes venaient, rires aux lèvres, chœurs
Enguirlandés, chantant l'étape du voyage
Vers les horizons blancs de ramiers migrateurs

Ou sur le front portant l'amphore en équilibre,
Ou la corbeille de raisins parmi les fleurs
Attirant le vol clair d'une abeille qui vibre,

Un miracle inoui gonflait d'un flux de lait
Mes seins lourds et tendus à toute bouche, libre
D'y boire le trésor débordant qui perlait ;

Et nulle n'a jamais pris garde à mon aumône,
Nulle n'a rien humé de ce double filet
De dictame jailli que ma mamelle donne !

Le fouet de ma queue a cinglé mon flanc arqué,
Dans l'ombre où j'ai hurlé ma rage de lionne
Seules des réponses d'échos m'ont repliqué ;

Des siècles j'ai glapi mon mal et ma rancune ;
Le granit rose de mes lèvres a craqué
Sous les caresses glaciales de la Lune.

Puis vint l'époque de désastres et de mort
Le temps de désarrois et d'adverse Fortune
Et des cris de déroute en des trompettes d'or !

L'effarement cabré des étalons sans brides
Traînant les coffres pleins où sonne le trésor
Des Rois rués de peur à des fuites livides

Dressé jusqu'au niveau de mon front l'a couvert
D'écumes et de sang jailli d'entre les vides
De la foule dont leurs sabots broyaient la chair.

Cette rosée a fait mes deux lèvres plus roses
Où riait le méchant rire cruel et clair
De tout l'ennui baillé dans mes gardes moroses ;

Et la poussière humaine a terni l'émail dur
De mes yeux qui scrutaient le spectacle des choses
Miré dans la clarté calme de leur azur ;

Et le vieux Pont tendu de l'une à l'autre rive
Ainsi qu'une guirlande où pend un fruit trop mûr,
Se rompit sous le poids de la tourbe hâtive

Mon simulacre chu s'enfouit dans l'oubli,
Des sables où ma croupe émergeante et massive
Coupait le flot perpétuel qui la polit.

Mais, ce soir, un caprice étrange de cette onde.
Abandonnant la place vide où fut son lit
Exhuma mon bloc vestige d'un autre monde

Et je t'ai rencontré face à face, ô Rêveur
Parmi l'ombre accroupi sur la grève inféconde
Et dans les yeux j'ai reconnu la même horreur

D'un désespoir sacré présumant une histoire
Pareille au vain passé vague qui fut le mien,
Et je t'ai salué, frère, dans la nuit noire

Que blanchit le retour de l'Aurore qui vient.

La Grotte

Cette heure de sieste lasse s'alourdit
Du Rêve évanoui de quelque Vie éteinte,
Décor vague dans l'eau qui dort mirant sa feinte
De paysage inverse au fleuve de Midi ;

Il flotte un vieil aveu que mon amour a dit,
Emoi perpétué de quelque folle crainte...
Au lointain d'un passé se cambre à mon étreinte
L'offre pour mon désir d'un nu torse roidi ;

Mais ma bouche n'a plus de lèvres pour redire
Les mots dont ma parole a leurré le sourire
De la Naïveté qui croyait à ma Foi,

Mes bras ne savent plus l'enlacement qui noue
Et mon sang a coulé par le cruel exploit
Du Sagittaire d'or dont la flèche me troue.

LA GROTTE

ELLE

Je t'apparus au seuil ébloui de la Grotte
Merveilleuse où pendaient en gemmes de cristal
Les pleurs adamantins que la pierre sanglote.

L'écho mystérieux du vieil antre natal
Répercuta l'appel de la trompe marine
Que tu sonnas à pleine bouche, ô blond Héros
D'une aventure fabuleuse, au ras des flots
En rumeur sous la proue heureuse qui domine
Le blanc tumulte des écumes de la Mer
Déferlante jusques au sable de la grève

Où je vins ignorant le péril inconnu
De te voir autrement qu'au vague de mon rêve...
Un brusque souffle ouvrit ma robe; et mon sein nu
Divulgué par le seul hasard d'une surprise
Et l'or de mes cheveux que dénoua la brise
Eblouirent tes yeux d'une apparition,
Et mon corps a tordu sa révolte inutile
Entre les bras dompteurs de la rébellion
Où se roidit ma chair de Vierge... mais nubile
Avait rêvé de toi mon songe inconscient
Et tu vainquis mon doux reproche souriant.

Depuis, quelque anse calme et sûre fut l'asile
Où ton navire désœuvré carqua l'essor
De ses voiles, ayant des frissons d'envergures,
Peintes de monstres et d'effrayantes figures
Qui semblent rire quand grince le câble d'or !

La maternelle mer a tant bercé nos veilles
La torche vespérale allumé de merveilles
A la voûte incrustée et riche de joyaux
De la grotte où dormit notre amour qui s'enlace
Au lit de sable où se marqua la double place
Qu'y creusa le poids las de nos sommes jumeaux.

Ce soir, la mer gémit la plainte de ses vagues
Et présages, le feu de la torche s'éteint
Et j'ai perdu ta bouche et ton doux corps étreint
Et je vais donnant à la nuit des baisers vagues
Et murmurant tout bas des paroles d'amour
Auxquelles seul l'écho parmi l'ombre réplique.

LUI

Tout ce passé n'est plus déjà qu'un songe lourd,
Le vain halo d'une mémoire nostalgique.
Une heure morte comme les autres hélas !
O compagne de ce jadis, cette heure est morte.
Et ces mots d'autrefois que tu redis tout bas
Le seul écho qui te répond me les apporte.

Et cet adieu me fut cruel d'être un sanglot
Qui meurt parmi le vent dont s'étoffe ma voile
Où la chimère peinte éploie un vol nouveau
Vers quelque Nuit mystérieuse qui s'étoile.

Jouvence

Nous voguions sur des mers de nuit et de colères
Loin de la Terre et de l'Eternelle Saison
Où l'or de tes cheveux fut la seule moisson
Loin des Jardins fleuris et des Jouvences claires ;

L'évanouissement de rives et de choses
Douces et mortes et plus lointaines toujours
Nous fit pleurer tous deux, et des arômes lourds
Parfumaient notre exil de mémoires de roses ;

L'enfantin Paradis qu'un caprice dévaste,
Du mauvais sortilège et de l'ombre néfaste
Filet mytérieux où trébucha ma foi,

Surgit comme au lever des aurores premières,
Et revoici, telles qu'alors, toutes pour Toi,
Guirlande à la Fontaine et torsades trémières !

JOUVENCE

De la Mer propagée en lueurs de miroir
A l'horizon surgit en courbure de dôme
Un ciel d'azur profond et doux comme l'espoir,

Un vent marin chargé d'effluves que l'arôme
Des algues satura de parfums inconnus
Souffle sur les Jardins de l'étrange royaume

Où la pose hiératique des Dieux nus
Se dresse sous le poids des offrandes dont s'orne
Le marbre enguirlandé des torses ingénus,

Où l'appel guttural henni par la Licorne
Frappant du pied le sol recéleur d'un trésor
Vibre aux pointes des caps aigus comme une corne.

La faulx des vagues ouvre et creuse aux sables d'or
Le croissant incurvé des golfes où s'abrite
Un blanc vol migrateur du Ponant ou du Nord.

Vers le Palais d'onyx pavé de malachite,
De la Mer au parvis s'étage le frisson
Des arbres où l'encens annonce quelque rite

Célébré par le chœur des beaux couples qui vont
Epars dans les massifs de myrtes et de roses
Pour y cueillir la gerbe et l'unique moisson.

Mais le décor paré pour les apothéoses
De l'amour fut sali des fraudes de la chair
Savante et déviée à des métamorphoses !

Au signe de ce vent qui souffla de la mer
Survint la Nuit victorieuse des prestiges
Evanouis avec le jour et l'Azur clair.

La fête et son tumulte ont laissé pour vestiges
Le désastre des lis brutalement brisés
Et que pleure la sève aux cassures des tiges ;

Le soleil saigne aux Occidents stigmatisés
Elargissant sa plaie en la pourpre des nues
Qu'attisent les pointes de Glaives aiguisés,

Et, chauds encor d'un vautrement de femmes nues,
Les Sphinx muets crispant leurs ongles acérés
Ont repris leur lent songe au fond des avenues ;

De l'escalier ruisselle au marbre des degrés
L'égouttement du Vin du crime et de la honte
Où se noya l'orgueil des Rêves massacrés...

Le Pays fabuleux évoqué par le conte
Qu'en feront les Poètes du siècle futur
S'endort à tout jamais d'un lourd silence où monte

Le bruit des gouttes d'eau que filtre l'antre obscur
Au bassin d'où jaillit le flot de la Fontaine
Par qui la lèvre d'avoir bu rit à l'azur.

7

Mais ton onde leur fut à tous mauvaise et vaine
Et leur soif, ô Jouvence, a souillé ton cristal
Du souffle d'une bouche érotique et malsaine,

Le rajeunissement du breuvage fatal
Les rua vers la chair et vers l'amour immonde
Et les voici voués aux renouveaux du mal,

Et toute la douleur éparse par le monde
A repoussé pour eux ses rameaux et ses fruits
D'arbre miraculeux que nul Ange n'émonde

Et dès lors, jusqu'à l'he ure atroce des minuits,
Des couples cœurs en sang et percés des sept-glaives
Sanglotent au déclin venu des jours enfuis

Le cri des deuils d'amour errant au soir des grèves!

*
* *

Ce soir de châtiment nous fut un soir de grâce
Et dans l'impur Jardin qui vers la mer descend
Notre rêve s'attarde aux fleurs de la Terrasse

Nous avons bu le flot fatidique et puissant
Où la sénilité des âges se ravive
Pour le vierge baiser de celle qui consent,

Le miracle de l'eau rajeunissante et vive
Suscite de l'oubli les mots des vieux aveux
Pour toi ma Fiancée éternelle et votive,

Rêvée aux nuits d'Eté des Océans houleux
Où mon âme voguait vers d'étranges Florides
Pleines de fleurs ayant l'odeur de tes cheveux...

Serre en tes douces mains les miennes qui sont vides
Mes deux mains de rameur qui n'a su conquérir
L'or des Pommes miraculeuses d'Hespérides!

Explorateur des mers de pourpre et de saphyr,
Je suis las de la route, et de cette aventure
Du blanc Septentrion jusqu'aux côtes d'Ophyr

Les vents mystérieux chantant dans la voilure
Ont raillé mon orgueil et mes deux bras roidis
Contre un courant marin déviant mon allure,

Les Equinoxes ont bercé mes chauds midis
Les vagues ont gercé de sel et d'amertume
Mes lèvres à l'abord des golfes interdits.

J'ai vu des Ganges dont le cours luit et s'allume
Au mirage divers des Pagodes du bord
Bifurquer leur delta dans le sable qui fume,

Et sous d'ardents soleils où leur langueur se tord,
Aux Vignes qui tentaient les antiques conquêtes
Les raisins monstrueux gonfler leurs grappes d'or...

Calme le désarroi de toutes ces défaites
Dont le ressouvenir s'immerge dans l'oubli
De tes baisers à qui vont mes seules requêtes,

Le jour des vains passés à l'Occident pâlit,
L'horizon violet se fonce en crépuscule
Vague où ma Vie antérieure s'abolit.

La Nuit impérieuse et sainte s'accumule
Sur la ruine vespérale et sans échos
Où le soupir épars d'un rêve se module ;

De la Terrasse en fleurs, des talus verticaux
Le vieux marbre effrité comme un songe qui croule
Tombe jusqu'à la mer murmurante de flots.

Ta chevelure en nappe blonde se déroule
Avec l'odeur des algues rousses et des fleurs
Et l'éternel ramier en nos âmes roucoule

Et c'est ici le but des rencontres d'ailleurs
La route vers la mort s'éclaire et se dévoile
Et voici pour mon guide à des Pays meilleurs :

Ton nimbe sidéral dans la Nuit qui s'étoile.

Cendres

Selon les jeux divers du couchant, vers la Mer
Où mourut la splendeur d'un soir en pierreries,
Notre âme s'exalta de Rêves et de Vies
Plus belles pour l'orgueil de l'Etre et de la Chair ;

N'avons nous pas conquis aux Terres d'or célestes
Ces lambeaux de nuée en flocons de toisons ?
Le sang de l'Hydre morte aviva les tisons
Du bûcher fabuleux où brulèrent nos restes ;

Et l'ombre cinéraire en le ciel envahi
S'épand, linceul de nuit, sur le vaillant trahi
Que pleure un rite nuptial de Choéphores,

Et le vent qui travaille en l'ombre à l'œuvre obscur
Vide le mausolée et les urnes sonores
Des cendres pour qu'en naisse le Printemps futur.

CENDRES

> O quel farouche bruit font dans le crépuscule
> Les chênes qu'on abat pour le bûcher d'Hercule!
>
> VICTOR HUGO.

Le soleil a saigné ses couchants héroïques !

La rumeur de la Mer sonne aux galets des grèves
Par delà les caps d'ocre et les hauts promontoires
Et c'est comme un écho d'heure morte et de gloires
Vaines, d'exploits et de conquêtes emphatiques
Et d'aventures où fulgurèrent les Glaives...
C'est comme un rappel prestigieux de victoires
Et d'un passé cruel où périrent des rêves
Qu'atteste ce coucher caillé de sang et d'or

Sacre d'un soir élu pour l'offrande farouche
Du fabuleux bûcher ou le Héros se couche
Et se consume, nom et cendre pour la Mort !

Des grands soirs éperdus de vogues et de voiles
Où souffle un vent marin pour de folles dérives
Vers les Pays de Conte et vers d'autres Etoiles
Que double leur mirage aux lagunes des rives
Rien ne reste sinon la mémoire sonore
Et vague que la Mer en perpétue encore
Evanouis en écumes les vains sillages !

Et mort le charme aussi des jardins et des plages...

La marée agressive a noyé les Sirènes
Et le flot a roulé leurs corps de blondes femmes
Chanteuses du vieil amour aux terres lointaines
Et le vent ne sait plus qu'il a brisé les rames
Ni l'éc. eil émergé qu'il troua les carènes
Des galères qui rapportaient des Hespérides
L'amas des Pommes d'or et la Toison magique
Conquise ailleurs par un Héros de notre équipe.

Par la blessure ouverte aux flancs des nefs splendides
La cale — où sommeillait le labeur des dangers :

Joyaux plus variés que les couchants d'automne,
Rubis, sang des vaincus par l'Erèbe exigés,
Améthystes, éclairs pâles d'un ciel qui tonne,
Fruits, parfumant la mer d'une odeur de vergers —
Laissa tout le trésor conquis parmi les mondes
Ruisseler, et marquer en le remous des ondes
Un sillage saigné par mille pierreries ;

Le mystère du flot avide s'est fermé
Sur le rayonnement des gloires enfouies
Et le soleil en nuages d'ombre a fumé,
Torche funèbre, sur le deuil des vains travaux
Et ce qui fut ma Vie exaltée et sa joie.

A l'opposé des Mers où l'Occident rougeoie
Voici la Terre immense et ses autres échos
Et la ligne des bois bleuis d'ombre et de brume,
Et c'est une autre Vie et ses luttes et toutes
Ses hontes qui s'évoquent et les mâles joûtes
En ce décor d'un ciel de cendre et d'amertume,
Marécage qui stagne aux soirs paludéens.

L'Hydre d'or a tordu les squames de ses reins
Et roulé dans la fange immonde sa défaite
Quand l'Epée, une à une, eut coupé chaque tête
Qui renaissait de son sang même et de la boue ;

Le massacre a souillé l'honneur des vierges mains
— Car le mal est mauvais même à qui le déjoue —
Et le monstre annelé mal tué par le glaive
Râle encore au marais livide d'horizon.

J'ai crispé mes doigts robustes à la toison
Et, comme un vendangeur qui fait jaillir la sève
Des grappes, j'ai serré la gorge des lions
Dont la gueule saignait parmi les touffes d'herbes
Et fus dompteur viril de leur rébellions
Et j'ai fait de leurs peaux et des griffes acerbes
Un bestial trophée à mes épauls nues !
Et Nemée exultante en ce matin d'avril
Au prestige ébloui des tâches inconnues
Salua le vengeur de son fauve péril.

Aux arbres alourdis de la Forêt heureuse
Où l'Automne à présent pleure aux carrefours d'ombre
J'ai suspendu le poids des dépouilles sans nombre,
Prix opime de la prouesse valeureuse ;
Et le vent en des soirs d'orgueil et de mystère
Rebrousseur des toisons effrayantes et douces
Echevelait éparses les crinières rousses.

Voici que meurt la fête ardente de la Terre
Et les feuilles s'en vont comme des rêves las
Ou des fibres de chanvre arraché des quenouilles,
Et dans le deuil des bois dénudés et lilas
Tout l'inutile sang des antiques dépouilles,
Goutte à goutte, a saigné sur la Terre assouvie ;
Et les abeilles d'or fuyant les ruches vides
Ivres des chauds midis en fleurs et de la Vie
N'ont pas laissé de miel en les gueules avides.

Le Printemps a donné d'excessives prémices,
Trésors que l'implacable Automne a dissipés,
Et la brume qui monte aux horizons trempés
Fume comme l'encens d'injustes sacrifices.

Le vol aveugle et lourd des Oiseaux du Stymphale
Tourne en cercle au ciel noir où vibre le défi
Du clair rire équivoque et railleur de l'Omphale
Au lointain d'ombre et d'eaux de son Jardin fleuri,
Et les flèches du vent sifflent à travers bois
Où s'entend un galop ravisseur et sonore
Sur la route où s'en va la fuite du Centaure
Dont la croupe plie et frissonne sous le poids
Du Rêve qu'il emporte par delà les flots
D'un Léthé bienfaisant où mon âme va boire
L'oubli de cette fuite atroce et des galops
Qui sonnent encore aux échos de ma mémoire.

Ce fut l'Aube sanglante et belle : c'est la Nuit
Où le feu du bûcher simule une autre aurore,
Honneur du ciel où son rayonnement a lui ;
Le vin de Vie écume au trop plein de l'Amphore
Pour une libation funèbre et déborde,
Et les jours sont vécus de la vieille aventure ;
Et voici l'holocauste où le Rêve s'épure
Aux flammes de la Mort qui veut que ne se torde
Nulle guirlande aux bras levés de la victime
Ni joyaux attestant des splendeurs de jadis
Parmi l'écroulement des bûchers refroidis,
Lapillaire surcroît d'une gloire unanime :
Car il est héroïque et viril de s'étendre
Nu pour mourir afin que de ces chairs péries
Poussière que l'oubli de l'urne va reprendre,
Ne survive parmi le néant de la cendre
L'éclat victorieux d'aucunes pierreries.

Epilogue

Le vol effarouché des oiseaux crêtés d'or
Distrait l'unique soin de notre double extase
Et dans le rougeoiement dont l'Occident s'embrase
Leurs ailes vont fondre la pourpre d'un essor ;

Un vain rêve emporté tourne en chute de plume
Aux remous d'air de ce passage fulgurant
Dont tu suis le départ de tes yeux las s'ouvrant
Sur d'autres horizons que ton désir présume ;

Ce songe où notre âme mutuelle s'oublie,
Guirlande jumelle et fragile, se délie
En ce déclin crispant sa tresse qui se tord ;

Un vent d'aile néfaste a défleuri la touffe
Des lis et, dans le soir triste de quelque mort,
L'éclair du Glaive rentre au fourreau qui l'étouffe.

ÉPILOGUE

Un retour de ramiers migrateurs s'exténue
A l'Occident où meurt le jour comme un sourire ;
Une Ere de ma Vie en la nuit inconnue
Se clôt, et ma sagesse accueille d'un sourire
L'ombre massive et redoutable et sa venue.

Au chœur évanoui de quelque vague danse
Eclate d'une Lyre une corde rompue
Au fond des bosquets lourds de fleurs et de silence
Où de la tresse d'une guirlande rompue
Choit la défleuraison des roses d'indolence.

Voici venir le soir où mon Rêve suppute
Le trésor qu'apporta la merveilleuse Année :
Fanfare du clairon, murmure de la flûte,
Contradictoire écho de la défunte Année,
Cantate du triomphe ou rumeur de la lutte.

Et chaque Aurore avec ses gloires et ses hontes !
Les heures une à une et leur folle aventure
S'en viennent, lent troupeau, jusqu'à moi qui les compte
A mesure qu'elles sont là, à l'aventure,
Comme un dénombrement de brebis pour la tonte.

Voici le lourd butin que coupe aux plants des vignes
La Serpe d'or rouge du sang de la vendange,
Et dans l'amphore emplie à la faveur des signes,
Par qui coule en rubis le cru de la vendange,
Avons-nous bu l'extase et des ivresses dignes ?

Voici le flot des blés au creux des plaines blondes,
Houle d'or que berça mon âme enorgueillie
Au rythme renaissant dont se meuvent ses ondes,
Et le Pain qui chargea ma table enorgueillie
Où s'assit le retour de mes Faims vagabondes.

Voici les épaves d'une flore vivace
De perles, d'escarboucles et de pierreries
Qui surnage et jonche d'écumes la surface
Des vagues dont l'éclat fulgure en pierreries
Aux splendeurs d'un soleil bu par la mer vorace......

La Vendange fut nulle et la tonte inutile
Et le Pain s'est émietté comme une cendre,
Et l'écrin dont le flot se fleurit et rutile
Disparaît en la nuit de doutes et de cendres,
Où s'est ployé l'essor de mon Rêve futile.

Et mon année et son vain œuvre et sa folie
Ne fut qu'un rêve d'or, de mensonges et d'ombre
Que raille le sourire étrange de la Vie,
Et la mort de ce soir sourit jusques en l'ombre
D'où jaillira l'Aube nouvelle et sa survie.....

TABLE

Tiré sur les presses d'Alcan-Lévy, Imprimeur
24, rue Chauchat, Paris